Stigmata

Gëzim Hajdari

Stigmata

translated
from Italian by

Cristina Viti

Shearsman Books

First published in the United Kingdom in 2016 by
Shearsman Books
50 Westons Hill Drive
Emersons Green
BRISTOL
BS16 7DF

Shearsman Books Ltd Registered Office
30–31 St. James Place, Mangotsfield, Bristol BS16 9JB
(this address not for correspondence)

www.shearsman.com

ISBN 978-1-84861-441-3

Original text copyright © Gëzim Hajdari, 2003, 2006.
Translation copyright © Cristina Viti, 2016.

The right of Gëzim Hajdari to be identified as the author, and of Cristina Viti to be identified as the translator, of this work has been asserted by them in accordance with the Copyrights, Designs and Patents Act of 1988. All rights reserved.

Acknowledgements

Special thanks to Patricia McCarthy, Jennifer Langer & James Tennant for publishing some of these translations respectively in *Agenda*, *Exiled Writers Ink* & *The White Review*, and to Tony Frazer for making this first UK publication of a book of Gëzim Hajdari's poetry a solid reality.

Stigmata / Vragë was first published in a bilingual Italian / Albanian edition in Italy by Besa Editrice in 2003; a second edition appeared in 2006.

Cover photo © Piero Pomponi — World Focus

Introduction

Widely recognized as one of the major poets of our times, Gëzim Hajdari was born in 1957 in Hajdaraj, Albania, from a family of landowners whose property was confiscated during the communist dictatorship of Enver Hoxha.

He acquired his early education in his home town, trained as an accountant in the district town of Lushnje, then graduated in Albanian Language and Literature at the A. Xhuvani University in Elbasan and in Modern Letters at the La Sapienza University in Rome.

He has had a variety of jobs including (in Albania) factory worker, field guard, warehouse man, accountant, land reclamation worker, military serviceman with former convicts and (after the fall of the communist regime) language and literature teacher; and (in Italy) stable-cleaner, hoeman, labourer, assistant typographer. At the moment he makes a living lecturing at Italian and foreign universities where his poetry is the subject of study.

In winter 1991, Hajdari was among the founders of the opposition Democratic and Republican parties of the town of Lushnje, and was elected Republican district secretary. In the same year he co-founded the opposition weekly *Ora e Fjalës* and worked as its vice-director while also contributing to the national daily, *Republika*. In the 1992 political elections he ran as a Republican parliamentary candidate. In the course of his intense political activity and his work as a journalist, Hajdari often spoke out against the crimes and abuses perpetrated by the old Hoxha *nomenklatura* and by the post-communist government. For this and other reasons, following repeated threats, he was forced to leave Albania in 1992.

Since 1993 Hajdari, who writes both in Albanian and Italian, has published thirteen collections of poetry, two books of reportage on his journeys through the war-torn areas of Africa and the barangays of the Philippines, a tragedy in verse (*Nûr*), a long essay (*Epicedio albanese*) in memory of the poets and writers imprisoned and murdered by the Hoxha regime, as well as several translations, including *I canti dei nizàm* (a collection of songs of the Albanian soldiers conscripted into the Ottoman army). He is the director of the 'Erranze' series for the Italian publishing house Ensemble and president of the Centro Internazionale Eugenio Montale. Translated into several languages, his poetry is the subject of three major monographs to date and has been awarded a number of prizes. For his literary merits, Hajdari has been granted honorary citizenship of Frosinone, the Italian town south of Rome where he has lived in exile since 1992.

Translator's Note

This book stems from my interest in those poets and writers who have with the Italian language an intense relationship of both belonging and otherness wired into a deep connection with the oral, lyrical and reality-making dimensions of the word, as can be found in the work of some of Italy's dialect poets, but also in some of those who write in Italian although born and educated in other countries.

By background and by choice, Gëzim Hajdari fully embodies this high level of intensity: born in an Albanian mountain village from a family who had strong connections with the bektashi Sufis, he still carries in his memory not only the songs and stories of his homeland's lore, but many verses of the *Kanun*, the oral code of law and honour rooted in the sacredness of the word (*besa*) that he was taught as a child. This rich heritage was further enhanced by an early awareness of the great poetry of other countries; but when the brutal realism of a totalitarian regime smashed into the deep realities of this archaic (if far from idyllic) world, the first freedom to be attacked, predictably enough, was the freedom of language: Hajdari recalls how the Italian poets he loved were banned, not only on account of their supposedly 'decadent' taste, but also because they spoke the language of a fascist country that had invaded Albania. Yet what he calls his 'basic knowledge' of Italian was destined to become much deeper after he entered exile and found his state of displacement mirrored and brought to clearer consciousness in the growing ability to write in both languages: and he speaks of approaching his work with a sense of 'double responsibility' owed to the poets of his homeland and those of his adoptive country.

Hajdari's uncompromising stance and his ability to revivify tradition with deep understanding in unadorned but rich and tender language result in a body of work that, as all poetry that matters, attempts nothing less than to restore dignity and beauty to human experience: a renewed epos for our ravaged world.

Cristina Viti,
Easter 2015

Stigmata

*

Lascio questi versi come un addio
inghiottito dalla nudità della memoria
sapendo che il mondo non ne ha bisogno.
Del mio saluto con la mano che trema,
giù nel fondo stellato,
nessuno si accorge.
Orizzonte precario
mi appoggio alla tua acqua fredda
e scavo la tua fronte di cielo oscuro.

Abbandonato nella nebbia fitta
non so da dove vengo, né dove vado,
assedio nevi che mi assediano
in balìa di neri uccelli.
Voglio sapere chi mi separa da una terra impazzita
e che fine faranno la mia ombra oltre l'acqua,
la pioggia che cade nella pioggia
e gli dèi fra gli alberi.

In fila accanto al freddo e al destino
attendo che mi chiamino all'alba dalle pietre
volti pallidi di voci arrochite.

Il mio nome linea che separa
la luce dall'oscurità,
il mio corpo limite tra la sabbia e il cielo.

*

I leave these verses as a farewell
swallowed by the nakedness of memory
knowing that the world has no use for them.
Of the greeting I send with a shaking hand,
down there in the starry depths,
no one's aware.
Precarious horizon
I'm leaning on your cold water
and excavating your forehead of dark sky.

Forsaken in the thick fog
I don't know where I come from or where I'm going,
I lay siege to snows that besiege me
at the mercy of dark birds.
I want to know who's keeping me from an insane land
and what will be the end of my shadow beyond the water,
of the rain that falls in the rain
of the gods among the trees.

Standing in line next to cold weather next to destiny
I wait to be called at daybreak from the stones
by wan faces of hoarsened voices.

My name a line separating
darkness from light,
my body a border between sand and sky.

*

Bacio assetato, la neve che mi assedia,
stelle senza bocca a illuminare la tua cecità orfana.
Sono giunto dalla linea arida dell'orizzonte e vedo
che là in fondo si abbracciano uomini e uccelli lirici.
Perché manca il tempo e le piogge non ci richiamano?
Procedi mio sangue verso boschi oscuri,
parti mia voce verso l'inno delle pietre e glorifica il cielo
sparso sulla mia pelle selvatica.
È il fuoco che m'insegue di oceano in oceano,
lo vedi come avanza e brucia le mie orme antiche
per partorire altre ceneri?

*

Thirsty kiss, snow that lays siege to me,
stars without mouths to light your orphaned blindness.
I've come from the parched line of the horizon and I can see
men and lyrical birds embracing in the distance.
Why is it that time is short and the rains won't call us back?
Progress my blood towards dark woods,
depart my voice towards the hymn of stones to praise the sky
spread over my wild skin.
It's fire comes after me from ocean to ocean,
can you see how it advances and burns my ancient footprints
so as to birth new ashes?

*

Da qui vedo le colline nate solitarie,
i miei incubi notturni che si allontanano con il buio.
La luna scivola sopra il ghiaccio del ruscello
e sbatte sui sassi freddi.
Non conosco il passato delle foglie scolorite
raccolte in questo cortile dei vicini ubriachi,
in cima alle canne intristisce il pettirosso
e la volpe che abita nei dintorni mi guarda negli occhi.
Mai pensato di essere qui dove sono,
senza la mia acqua e i miei uccelli di fuoco.
Da qui vedo il tuo volto, la tua disperazione infinita,
il grigio del giorno che si ripete con fatica,
da qui vedo l'invisibile, la mia ombra perfetta.

*

From here I can see the hills born in solitude,
my nightmares taking leave of me in the darkness.
The moon is sliding over the ice of the stream
and slamming against cold stones.
I don't know about the past of the faded leaves
gathered in this my drunk neighbours' courtyard,
perched on the reeds the redbreast is sorrowing
and the fox who lives nearby stares into my eyes.
Never thought I would be here where I am,
without my water or my birds of fire.
From here I can see your face, your endless despair,
the daylight greyness toiling itself anew,
from here I can see the invisible, my perfect shadow.

*

Stasera attendo che mi calmino la neve al confine,
il mare di sabbia, i volti nell'acqua.
Non c'è altro cielo dove affondare il mio delirio
ovunque la notte degli uomini che muoiono.

Dove fermarmi mio terrore,
i sassi che ho gettato controvento
hanno aperto su di me enormi abissi.

Ora il tempo dimora nel tempo
ed io attraverso stanze dopo stanze, muri su muri.
Sono un esule esiliato nell'esilio
col sangue sparso sugli alberi e la voce nella pioggia.

Conoscete la mia pena? Cammino di fianco a coloro
che vanno sul filo che prende fuoco.
Avanzate, avanzate aquile nere a due teste, divorate da capo
il mio corpo lacerato, impiccate il mio cuore rosso ai rami,
bevete il mio sangue come belve affamate,
seppellite i miei canti,
lasciatemi solo il tempo di coprire
quest'infanzia quotidiana.

Ahimè, nei fondali dei fiumi il futuro,
nel nero del mondo il passato.

*

Tonight I wait to be calmed by snow on the border,
the sea of sand, faces in the water.
No other sky in which to sink my delirium
everywhere the night of dying men.

Where shall I stop, my terror,
the stones I've thrown against the wind
have opened over me measureless chasms.

Now time abides in time
and I walk through room after room, wall after wall.
I'm an exile exiled into exile
my blood shed on the trees and my voice in the rain.

Do any of you know my pain? I walk side by side with those
who feel their way along a tightrope that's catching fire.
Come forth, come forth two-headed black eagles, devour anew
my riven body, noose my red heart to the branches,
drink up my blood like ravening beasts,
bury my songs –
just leave me time enough to cover
this daily childhood.

Alas, the future full fathom five,
the past in the black of the world.

*

Ascolto il mio silenzio: è la paura
di morire in un'altra lingua,
in questo freddo che non mi appartiene.

Sprofonderò negli abissi dei miei versi
che mi concedono segni e forma,
tormentato dalla tua pioggia.

*

I listen to my own silence: it's the fear
of dying in a foreign language,
in this cold that doesn't belong to me.

Tortured by your rain
I will sink into the chasms of my verses
that grant me signs and form.

*

Ho saputo che stai raccogliendo
i miei anni di lavoro per la mia pensione di vecchiaia:
1 anno da operaio in un'azienda per la bonifica delle paludi,
2 anni di militare con gli ex detenuti,
3 anni da ragioniere in un'azienda agricola,
3 anni da operaio e guardia di campagna
in una fattoria di pomodori,
9 mesi da magazziniere di libri,
2 anni da insegnante di lettere al Liceo,
7 anni da manovale in Ciociaria,
2 anni in nero,
3 anni con le marchette
e il resto di nuovo in nero.
Amen.

*

I heard you've been adding up
my years in work for my old age pension:
1 year a labourer in a marshland drainage company,
2 years a soldier with former convicts,
3 years an accountant in the farming industry,
3 years a labourer and field guard
on a tomato farm,
9 months as a book warehouse man,
2 years a lang & lit teacher in a high school,
7 years as a hand labourer in the Ciociarìa,
2 years on the black market,
3 years with stamps
and the rest back on the black market.
Amen.

*

In nero sono scritti anche i miei canti
per la gente bianca del continente solare,
che mi conosce di fama e non per la fame
che scava il mio essere come l'ombra il ruscello della valle.
Se io esisto, solo attraverso la tua voce,
se io muoio, solo nella tua sete,
se io rinasco, solo dal tuo fango.
Su di me crollano i muri sonori dei tuoi ricordi
e si stringe lo spazio tenero dei campi d'erbamara.
Com'è difficile vivere al confine di una voce, della tua voce,
pur sapendo che la salvezza passa per la luce dei nomi
e la polvere mortale delle arene.
Da anni non riesco a capire quel che succede in me,
circondato dalla pelle sapiente dei ciechi
e dalle parole sorde di chi parte all'alba
senza voltarsi indietro.

*

In black I've also written my songs
for the white people of the solar continent,
who know me by fame and not by the famine
that hollows my self out like shadow does a valley stream.
If I exist, it's only through your voice,
if I die, it's only in your thirst,
if I'm reborn, it's only from your mud.
Your memories' walls of sound collapse on me,
the tender space of bittergrass meadows loses ground.
How hard it is to live at the border of one voice, your voice,
even knowing that salvation comes through the light of names
and the mortal dust of the arenas.
For years I've failed to understand what happens inside me,
surrounded by the knowing skin of the blind
and by the deaf words of those who leave at daybreak
without looking back.

*

Mia cara nel sangue,
se muoio prima di te, getta i miei canti erranti nel rogo,
mettici sopra una pietra in nome del mio dio crudele
e di' che li ho scritti un tempo in cui credevo
in un mondo che non è nostro.

Ti parlo dal lago di Canterno,
unica gioia nelle domeniche
di riposo dell'agosto ciociaro.
Sono venuto qui per sentire il vento,
seguire i falchi nei cieli, le ombre dei pesci,
sono sette anni che non vedo il mare e il nero delle montagne.

Mia cara nell'oblìo,
è la tua voce che chiama: Gëzim, Gëzim, Gëzim
nei miei incubi notturni?

*

My dearest in the blood,
if I die before you, throw my errant songs onto the pyre,
lay a stone over them in the name of my cruel god
and say I wrote them once upon a time when I believed
in a world that's not our own.

I am speaking to you from Lake Canterno,
only joy in the restful
August Sundays of the Ciociarìa.
I've come here to feel the wind, to follow
hawks across the skies, the shadows of fishes,
seven years since I last saw the sea and the black of the mountains.

My dearest in oblivion,
is it your voice calls out: Gëzim, Gëzim, Gëzim
in my nightmares?

*

Le poesie dedicate a te in *Corpo presente* non sono piaciute
al presidente della Lega degli Scrittori e degli Artisti d'Albania, Xh. S.;
è stata la prima cosa che mi ha detto quando mi ha incontrato a
Tirana, l'autunno scorso. Perché, secondo lui, l'unico richiamo per un poeta
deve essere la patria e non tu. Mi ha detto che io mi comporto
da apolide per piacere agli stranieri... Ricordi? È la stessa accusa
che condannava libri e poeti al tempo della vecchia dittatura!

*

The poems dedicated to you in *Corpo presente* didn't go down well
with Xh. S., president of the Albanian League of Writers and Artists;
that was the first thing he told me when he met me
last autumn in Tirana. Because, he said, the only beacon for a poet
must be the homeland and not you. He said I'm acting stateless
to court favour with foreigners… Remember? The same accusation
that had doomed poets and books at the time of the old dictatorship!

*

Quanto siamo poveri.
Io in Italia vivo alla giornata,
tu in patria non riesci a bere un caffè nero.

La nostra colpa: amiamo,
la nostra condanna: vivere soli divisi
dall'acqua buia.

Ritornerò in autunno come Costantino,
tu nelle colline natali hai già raccolto l'origano
che porterò con me nella stanza ancora sgombra.

Ora vivo al posto di me stesso
lontano da quella terra che impietosamente
divora i propri figli.

*

How poor we are.
I living hand to mouth in Italy,
you back home unable to drink even a black coffee.

Our sin: to love,
our sentence: to live alone divided
by the dark water.

I will return in the autumn like Constantine,
in the home hills you've already gathered the oregano,
I will take it with me into the room that is still bare.

Now I live as a replacement of myself
far from that land who mercilessly
devours her own children.

*

Nulla sai di quel che faccio per il mondo,
questo mondo maledetto dove fuggo senza sosta
da quella sera di pioggia e di fulmini.
O mia santa balcanica,
da anni aspetti con pazienza che io ritorni
nel villaggio natale.
Temi che dopo la tua mancanza rimanga solo e lontano
che un domani non abbia accanto nessuno
che mi porga un bicchiere d'acqua
e mi chiuda gli occhi.

*

Nothing – you know nothing of what I do for the world,
this cursed world that's kept me fleeing without respite
since that evening of lightning and rain.
O my Balkanic saint,
patiently you've been waiting years
for me to return to the home village.
You fear I might be left far away and lonely when you go
and that one day I might have no one by my side
to give me a glass of water
and close my eyes.

*

Siamo fermi come gli alberi
e nessuno ci conduce,
perseguitati dal freddo delle statue.

Chi ci indicherà le ferite della patria
così lontani dall'asse del mondo?

Perderemo per sempre anche la sete: serpente
che ci insegue nell'immenso dell'esilio.

*

We are still as the trees
and none can lead us,
   threatened by the chill of statues.

Who will show us the wounds of our homeland
far as we are from the world's axis?

We will lose for all times even our thirst: a snake
hassling us through the measurelessness of exile.

*

I tuoi poeti cantano ai tiranni,
perché i tiranni li affascinano,
non sono uomini liberi i tuoi poeti.
I tuoi poeti non vogliono morire da poeti
con umiltà di cane accanto ai propri tiranni
cercano di dividere il grande Vuoto con confini
e brindare sotto le ombre delle bandiere.
I tuoi poeti non hanno sete d'amore
ma d'acquavite,
chiusi nei piccoli cieli
lasciano che si laceri la Parola.

*

Your poets sing to tyrants
because tyrants hold them in thrall,
they're not free men, your poets.
Your poets don't want to die like poets
dog-humble next to their tyrants
they try to divvy up the great Void with borders
and clink glasses under the shadows of flags.
Your poets are not thirsty for love
but for liquor,
locked up in their pokey skies
they look on as the Word is torn apart.

*

È autunno, stagione in cui cadono le foglie,
i passanti cambiano i vestiti
e con i vestiti gli amori.
Io mi domando: cosa cambiare?
Indosso la stessa nostalgia, la stessa paura.
Guardo il muro bianco mentre mangio,
per me, condannato che attende l'esecuzione,
ogni cena è l'ultima.

Nessuno ti ha amato come me,
dell'amore per te sono impazzito.

*

It's autumn, the season when leaves fall,
passers-by change their clothes
and with their clothes their loves.
I ask myself: what shall I change?
I'm wearing the same nostalgia, the same fear.
Sitting at meals I stare at the blank wall,
for me, a sentenced man awaiting execution,
each supper is the last.

No one has ever loved you like I have,
love of you has run me out of my mind.

*

Con le mie notti nate dai tuoi giorni
giungerò alle tue secche labbra,
io sopravvissuto delle dittature
oblìo di tutte le libertà;
busserò a te come ad una città santa,
proibita agli infedeli.

*

With my nights born of your days
I will reach as far as your dry lips,
I, the survivor of dictatorships
obliterating all freedoms;
I will knock as if you were a holy city,
forbidden to infidels.

*

Nel mercato del nord mi sono intristito.

Nel mercato del nord ho perso il mio sud.

Ho visto nelle bancarelle
in fila le mele,
in fila le pere,
in fila l'uva,
in fila le carote,
in fila i fiori lucidi,
della stessa misura sino all'ossessione.
Accanto alla frutta, venditori imbestialiti
dagli escrementi dei piccioni in volo.

Nel mercato del nord ho perso te e il mio sud.

*

In the northern market I've withered in sadness.

In the northern market I've lost my south.

On the stalls I have seen
apples in rows,
pears in rows,
grapes in rows,
carrots in rows,
gleaming flowers in rows,
so same-sized it's an obsession.
Next to the fruit, traders beastly with rage
at the droppings of pigeons in flight.

In the northern market I've lost you and my south.

*

Fiume, tu devi raccontare che sono stato anch'io
come il grano del campo, la rosa canina del bosco oscuro.
Ho vissuto come te, sempre con addosso la roba umida,
affamato d'esistenza, incantato dal girasole,
in un secolo in cui la gente
camminava guardando per terra.
Ho trascorso da solo sere di pioggia tagliente
dietro vetri bagnati
con il pensiero di creare con il coltello di ieri
un'altra patria di pietra
nel mio corpo tremante dell'Est.

*

River, you must tell how I too have been
like the wheat in the field, the dog rose in the darkened wood.
I've lived like you, damp clothes on my back,
ravenous for existence, rapt by the sunflower,
in a century whose people
walked with their eyes to the ground.
I've sat on my own through nights of razor rain
behind wet window panes
thinking about creating with yesterday's knife
another homeland made of stone
in my body shaking with the East.

*

Ancora resisto in questa strana città
dove si celebrano cose chiare,
avvolto da mute stagioni e venti sordi,
lontano dalla pronuncia del tuo nome e dai nidi di falchi
sospesi sul biancospino.
Non so se morirò di vecchiaia o breve sarà il mio percorso
che ama i girasoli e la leggerezza dell'assenza.
Dopo ogni verso mi attende una fine
e il veleno della vipera
mescolato al tempo.
Chiamami, sono colui che hai partorito
da una ferita profonda
in un febbraio sotto la protezione del buon dio
e lascio che i ricordi passino per l'oblìo della mia carne.

*

I'm still holding out in this strange city
where clear-cut things are celebrated,
wrapped up as I am in voiceless seasons and deaf winds,
far from the uttering of your name and the hawks' nests
hanging over the hawthorn.
I don't know if I'll die of old age or if my journey will be brief
my journey that loves sunflowers and the lightness of absence.
After each verse an ending awaits me
and the viper's venom
mixed in with time.
Call out to me, I am the one you birthed
from a deep wound
one February under the shelter of the good Lord
and I let memories travel through the oblivion of my flesh.

*

Come posso dimenticare
quel mattino, quel giorno, quell'ora del '96 a Tirana,
di fronte al cancello del Ministero degli Esteri quando
i giornalisti della tua televisione mi chiamarono traditore e cosmopolita,
perché nelle postfazioni dei miei libri,
Ombra di cane e *Sassi controvento*,
avevo criticato il presidente della repubblica e il suo regime
e avevo scritto: l'Albania deve 'unirsi' all'Italia per salvare
se stessa e il Kosovo.
Aspettavano che io rientrassi in patria
per denunciarmi pubblicamente,
così mi dissero anche gli intellettuali amareggiati,
che quel che avevo scritto aveva causato una crepa
nell'onore della nazione senza onore,
disonorata per cinquant'anni proprio da loro.
Solo dopo quel che è successo dal '97 in poi,
hanno comunicato all'addetto culturale albanese a Roma
che Hajdari aveva ragione,
la lettera portava la firma di un giovane scrittore del nord
e veniva dalla patria.

*

How can I forget
that morning, that day, that hour in '96 in Tirana,
outside the gate of the Foreign Ministry when
the journalists of your television called me a stateless traitor
because in the afterwords of my books
Dog's Shadow and *Stones Against the Wind*
I'd criticised the president and his regime
and written that Albania must 'unite' with Italy to save
herself and Kosovo.
They were waiting for me to return to the home country
to denounce me in public,
the embittered intellectuals too
told me what I'd written had caused a rift
in the honour of the nation without honour
they themselves had dishonoured for fifty years.
Only after all that happened since '97
they sent word to the Albanian attaché in Rome
saying Hajdari had been right,
the letter was signed by a young writer from the north,
it came from the home country.

*

Minestrina calda – mio piatto quotidiano –
stasera io ti canto,
consacrato sia il tuo nome nella notte sorda
lontano da letti morbidi e corpi di donna.

Chissà cosa sta accadendo al mio paese
in questo momento.

È andato via anche il branco notturno
a ubriacarsi di sesso in nero nelle strade,
senza di me.

Se tornassi indietro, amore mio,
nascerei ovunque
ma non dalla tua verginità.

(Via del Carbonaro, aprile 1992)

*

Thin hot soup – my daily dish –
I sing your praise tonight,
hallowed be thy name in the deaf night
far from soft beds and women's bodies.

Who knows what might be happening in my country
at this moment.

The nocturnal hunting pack is also gone
to get drunk on black-market sex in the streets,
without me.

If I came back, my love,
I would be born anywhere
but not from your virginity.

(Via del Carbonaro, April 1992)

*

Non so perché sogno di morire per vivere
il che mi sconvolge e affascina insieme.
Non so perché mi sembra che la fine
sia più vicina alla mia carne o, forse,
è da tanto che abita nella mia stanza sgombra
e beve nella mia umidità.

Voglio rimanere ricordo della tua voce e oblìo
della tua pelle all'alba
dove nascono piccole patrie
e adoratori di ghiaccio giunti dalle regioni sconosciute.

Non ti spaventare il mio sogno non uccide,
il mio sguardo come quello di un cane picchiato.

*

I don't know why I dream of dying to be alive
which deranges and fascinates me at the same time.
I don't know why it seems to me that the end
is closer to my flesh or – maybe –
has lived a long time in my bare room
sitting at drinks in the damp.

I want to abide as memory of your voice and oblivion
of your skin at daybreak
where small home countries are born
and icy worshippers, come from unknown lands.

Don't be frightened my dream won't kill,
my gaze like that of a beaten dog.

*

È la mia Voce appesa al crepuscolo che chiama,
la memoria confusa mi tradisce ogni giorno a poco a poco,
e i miei libri pieni di errori nella lingua d'origine.
Madre, ho perso tutto, anche la chiave per uscire
da Via del Cipresso dove mi sono rinchiuso.
I miei versi sono dei superstiti delle metropoli,
i vicini di sopra non mi domandano mai
che faccio solo, di sotto al pianterreno;
spesso al mio invito a prendere un caffè insieme
il postino risponde: "Grazie, ho fretta!"
Voi che non mi avete mai amato,
indicatemi un tempo dove possa toccare il fondo,
indicatemi un luogo dove possa rinascere senza gridi,
né una goccia di sangue.

*

It's my Voice calling out, flayed to the twilight,
my blurred memory tricks me little by little everyday,
my books full of errors in the original language.
Mother, I've lost everything, even the key to get out
of Via del Cipresso where I've locked myself up.
My poems are metropolitan survivors,
the neighbours upstairs never ask me
what I do all alone on the ground floor;
often my invitation to have a coffee together
is answered by the postman with: "Thanks, but I'm rushing!"
All of you who have never loved me,
show me a time where I can hit rock bottom,
show me a place where I can be reborn without any cries,
without a drop of blood.

*

È la mia pelle appesa al crepuscolo che suona
e annuncia tori insanguinati nei campi estivi,
lucciole nelle valli,
voli di uccelli lirici lungo i fiumi.

È la mia pelle appesa al crepuscolo che chiama,
così chiama quando viene la primavera,
sogna papaveri e sentieri.

È la mia pelle appesa al crepuscolo che ascolta,
cerca la mia voce nella nebbia
di un altro alfabeto.

*

It's my skin sings out, flayed to the twilight,
heralding bloodied bulls in summer's fields,
fireflies around the valleys,
flights of lyrical birds along the rivers.

It's my skin calls out, flayed to the twilight,
it calls out so when springtime comes,
dreaming of poppies and paths.

It's my skin listens, flayed to the twilight,
searching for my voice through the fog
of an other alphabet.

*

Mai la neve è stata così vicina al mio volto,
gli uccelli lirici in fila, immobili e tu che corri verso di me
scavalcando lampi e ombre lunghe.

Sei nata tra il vento e la pioggia, lontana dalle grida.

Soli nell'immenso, condannati ad orme e segni.

*

Never has snow been so close to my face,
lyrical birds motionless in a line and you running towards me
leaping over lightning bolts and long shadows.

You were born in the wind and the rain, far from the shouting.

Both alone in the immensity, sentenced to footprints and signs.

*

Sei l'unica testimone del mio pianto straniero
in questo territorio sterile dove piove sempre
e giacciono le fiamme che m'inseguono.

Sei uscita dal sogno
e hai soccorso la mia voce al margine dell'abisso
correndo sgomenta sotto i nuovi alberi,
accanto ai vecchi sassi.

È una stagione che voglio cacciare dal mio tempo,
un tempo che ha investito per sempre le mie stagioni.

Le cose ancora hanno un senso perché tu esisti,
come la linea fredda dell'orizzonte e il silenzio dell'attesa.

*

You are the sole witness of my exiled weeping
on this sterile territory of relentless rain
and low-lying flames harassing me.

You have come out of the dream
to rescue my voice at the edge of the chasm,
running in fright under the new trees
near the old stones.

This is a season I want to banish from my time,
 a time that has for ever crushed my seasons.

Things still make sense because you exist,
like the cold line of the horizon and the silence of waiting.

*

Cammino su e giù per le strade di Roma
per vendere il mio *Corpo Presente*.

È l'ultimo giorno dell'anno santo.

Come giungere a festeggiare con te dopo otto inverni in Occidente,
il viaggio costa ventotto volte il prezzo del mio *Corpo*...

E nei tuoi occhi la mia assenza diventa più profonda,
nelle mie labbra secche il tuo nome si pronuncia più spesso.

Alti sono i muri di acqua buia che ci dividono
sotto le loro ombre spaventata la nostra vita.

*

I'm walking up and down the streets of Rome
trying to sell my *Present Body.*

It's the last day of the holy year.

How to reach you and celebrate after eight winters in the West,
the fare is twenty-eight times the price of my *Body…*

And my absence grows deeper in your eyes,
your name comes more often to my dry lips.

High are the walls of dark water separating us
frightened is our life under their shadows.

*

(al Colosseo)

Gemito di sangue, lamento di corpi lacerati.

Oh maledizione ideale del tempo dei corvi
le tue mura ci separano dall'oblìo
e dalla tenebrosa gloria dei Cesari.

Sentite l'agonia delle voci impietrite,
la sua ombra che cresce nella nostra carne?
Sguardi lugubri seguono i nostri passi storditi,
oh meraviglia e vergogna insieme: vittima divina di Roma.

Io che ti adoro e ti disprezzo
sono un poeta albanese disperato
che cammina per le tue selve;
ho vissuto nella polvere della tua arena
giorni, anni, secoli di follia
finché una freccia nera mi ha accecato per sempre.

La pioggia di un cielo chiuso
bagna il tuo silenzio oscuro
in questo fine autunno.

Ora le grida degli schiavi sono flebili
e fra gli alberi attendono spaventati gli dèi.

*

at the Coliseum

Moaning of blood, keening of torn bodies.

O ideal curse from the time of the ravens
your walls separate us from oblivion
and from the darkened glory of the Caesars.

Can any of you feel the agony of stone-bound voices,
its shadow growing inside our flesh?
Eyes fraught with gloom follow our stunned footsteps,
O marvel and shame at one time: divine victim of Rome.

I who worship and despise you
am a desperate Albanian poet
walking through your forests;
I lived in the dust of your arena
through whole days, years, centuries of madness
until a black arrow blinded me for ever.

The rain of a locked sky
drenches your dark silence
in this late autumn.

Now the cries of slaves are faint
and the gods wait in fear among the trees.

*

Io non vi rubo né la ricchezza né la gloria,
non voglio possedere altro che il mio corpo,
è scritto anche nella polvere delle arene da cui provengo
e nella memoria degli alberi stretti l'uno all'altro
che mi circondano.

Le mie strade non ritornano nell'acqua,
la mia stanza ogni sera prende fuoco.

Da anni in attesa e non aspetto nessuno
che giunga nella mia dimora.

La mia anima specchio spezzato,
uccello caduto nella pioggia
accanto ai ciechi che non smettono di cercare la luce
nella notte buia.

Cerco nuovi sentieri per fuggire
con il mio segreto che sanguina.

*

I'm not stealing either your riches or your glory,
I don't aim to possess anything but my own body,
it is written, even in the dust of the arenas I have come from,
in the memory of the tight-clustered trees
surrounding me.

My roads do not return to water,
my room catches on fire every night.

Years spent in wait and I'm expecting no one
to come to my house.

My soul a shattered mirror,
a bird fallen in the rain
next to the blind who won't stop searching for light
in the night's darkness.

I am looking for new paths on which to flee
carrying my secret as it bleeds.

*

Ogni giorno creo una nuova patria
in cui muoio e rinasco,
una patria senza mappe, né bandiere
celebrata dai tuoi occhi profondi
che m'inseguono per tutto il tempo
nel viaggio verso cieli fragili.
In tutte le terre io dormo innamorato,
in tutte le dimore mi sveglio bambino,
la mia chiave può aprire ogni confine
e le porte di ogni prigione nera.
Ritorni e partenze eterne il mio essere
da fuoco a fuoco, da acqua a acqua.
L'inno delle mie patrie: il canto del merlo
che io canto in ogni stagione di luna calante,
sorta dalla tua fronte di buio e di stelle
con la volontà eterna del dio sole.

*

Each and every day I create a new homeland
in which I die and am reborn,
a homeland without any maps or flags
celebrated by your deep eyes
that chase after me all the time
on the journey towards fragile skies.
In every land I sleep as a man in love,
in every dwelling I wake up a child,
my key can unlock each and every border,
the gates of each and every black prison.
Returns and eternal departures my being
from fire to fire, water to water.
My homelands' anthem: the blackbird's song
that I sing at every season of the waning moon
risen from your forehead of darkness and stars
with the eternal will of the sun god.

*

In quale stagione ti cerco,
da quale pietra ti chiamo,
su quale neve cammini.

Sei ciò che rimane in me di una notte d'estate,
erba verde cresciuta nel campo bruciato,
bella come la primavera in Darsìa.

In te sale la luce, scende il buio,
io ti copro con fiori di ginestra e canti di merlo,
per i sentieri delle tue dita
procedono i giorni presenti e futuri.

In qualsiasi lingua ti sogni sei la stessa: corpo e tempo,
come una volta canti la tua infanzia: da collina a collina,
lascia che ti percorra come un pastore di capre.

*

In which season do I look for you,
from which stone do I call out to you,
on which snow do you walk.

You are what's left inside me from a summer night,
green grass grown anew in the burnt field,
beautiful as the spring in Darsìa.

In you light rises, darkness falls,
I cover you with gorse flowers and blackbird songs,
the progress of all present and future days
unfolds through the pathways of your fingers.

Whichever language my dream of you may speak,
you are the same: body and time, you singing
of your childhood as you once did: from hill to hill,
let me roam you like a goatherd.

*

Dopo mesi di assenza un raggio di sole nella mia dimora
ed io gioisco alla mia stanza sgombra al sole.

Nel cortile del condominio ogni mattina canta l'usignolo
richiama la primavera
ed io gioisco all'usignolo e al richiamo della primavera.

Nel mio vecchio letto sogno notti serene, belle donne
ed io gioisco alle mie illusioni e ai miei inganni.

*

After months of absence a ray of sunlight in my house
and I rejoice in my bare room in the sun.

In the yard of the block of flats the nightingale sings each morning
calling back the spring
and I rejoice in the nightingale and the call of spring.

In my old bed I dream of peaceful nights, beautiful women
and rejoice in my own illusions and my own deceptions.

*

Non so quel che faccio
e uccido il mio dio misericordioso.

L'anima non trova pace
finché non si sveli la bellezza,
in cui si nasconde la gelida verità.

Voi che mi proteggete dall'inferno e dal nuovo esilio,
datemi il pane quotidiano
e il vino della cena.

Ormai le belle donne non m'incantano più,
sono innamorato della ferita che sanguina
e ogni giorno contemplo la mia rovina.

*

I don't know what I'm doing
and I slaughter my merciful god.

The soul won't find peace
until the unveiling of beauty
where icy truth is concealed.

You who protect me from hell and a new exile,
give me my daily bread,
the supper wine.

By now I'm no longer charmed by pretty women,
I am in love with the wound that bleeds
and contemplate my own ruin with each day.

*

Appartengo ad un popolo
accecato sette volte dalle pietre
e non riesco più a sognare
sotto lo stesso cielo chiuso,
di cui ero memoria.

Profondo è l'abisso che porto con me tra gli uomini
raccolti al margine delle stagioni
e della storia morsa dal serpente.

Sconvolto dalla mia immagine,
cerco la luce persa nella mia Itaca
per raccogliere le parole che ho gettato
dalle vette dei monti di sabbia
per tutti questi anni calpestati dagli altri anni.

*

I belong to a people
blinded sevenfold by stones
and I'm no longer able to dream
under the same locked sky
of which I was a memory.

Deep is the chasm I carry within me amongst men
gathered at the edge of seasons
and of snake-bitten history.

Deranged by my own image
I seek the light that's lost in my own Ithaca
to gather up the words that I have hurled
from the tops of mountains of sand
over all these years trampled by other years.

*

Se tu non fossi dall'altra sponda,
mi sarei impiccato al crepuscolo
in un angolo sperduto del tempo.

Com'è difficile lottare contro il freddo
e il buio dei sassi che avanzano.

Se tu non fossi intorno alla mia notte,
orfana vagherebbe la solitudine
fra i papaveri dei campi.

Vorrei che spargessi questi versi
sul tuo volto nell'altra costa del mare
in assenza dei miei baci.

*

If you were not on the other shore
I would have hanged myself at twilight
in some lost corner of time.

How hard it is to fight the cold
and the darkness of advancing stones.

If you were not enfolding my night
solitude would wander orphaned
among the poppies in the fields.

Would that you'd scatter these verses
over your face on the other shore of the sea
in the absence of my kisses.

*

Per voi belle ragazze d'Albania,
a cui penso in due lingue
con tristezza.
I vostri occhi, le vostre labbra, i vostri seni
offerti ad anonimi
senza amore.

Per voi belle ragazze d'Albania,
che avete scavalcato mari e confini sognando,
la vostra verginità macchiata dallo sperma
dei trafficanti.

Per voi belle ragazze d'Albania,
ovunque siate per il mondo,
con speranza.

*

Here's to you pretty girls of Albania,
I think of you with sorrow
in two languages.
Your eyes, your lips, your breasts
offered without love
to nameless men.

Here's to you pretty girls of Albania,
leaping with your dreams over seas and borders,
your virginity
stained with the sperm of traffickers.

Here's to you pretty girls of Albania,
with hope,
wherever in the wide world you may be.

*

Belle giornate squarciate nelle colline di Darsìa
come la pelle della vipera in estate tra i cespugli,
sogni distrutti dagli anni crudeli
e sepolti nei fondali degli inverni,
assiolo, triste uccello della notte balcanica,
sul tuo vecchio nido sosta la luna fattasi piccola,
ricordo di lei che vaga orfana nelle sere d'autunno
per le strade di polvere e di buio,
per me non c'è consolazione, non c'è consolazione.

*

Fine days torn open in the hills of Darsìa
like the viper's skin in the shrubs of summer,
dreams destroyed by the heartless years
and buried in winter depths,
horned owl, sorrowing bird of the Balkan night,
the shrunken moon hangs over your old nest,
a memory of her who wanders orphaned on autumn nights
through streets of dust and darkness,
there is no solace for me, there is no solace.

*

Ricorda i giorni che mi hanno distrutto senza rancore,
i templi, gli oracoli che mi hanno ingannato l'infanzia,
le stagioni che non mi hanno mai asciugato.

Rammenta le trincee disertate all'alba,
le città arrese, le case spalancate che annunciavano pietà,
la mia povertà, le mie paure il mio esodo verso l'Ovest.

Rivivi l'entusiasmo con cui ero attaccato alla vita,
i sentieri che mi portavano al verde,
la traduzione delle mie poesie soprattutto in greco.

Non dimenticare il folclore delle cicale in estate, il canto dei grilli
(anche dopo milioni di anni sarà uguale),
ciò che guardavo e amavo nella transitorietà delle cose.

*

Remember with no hard feelings the days that have destroyed me,
the temples, the oracles that have deceived my childhood,
the seasons that have never warmed me dry.

Remember the trenches deserted at daybreak,
cities surrendered, houses thrown open heralding mercy,
my poverty, my fears, my exodus towards the West.

Relive the enthusiasm of my will to live,
the pathways that took me to green places,
my poems translated mostly into Greek.

Don't forget the summer folk song of crickets and cicadas,
(after millions of years it will remain the same),
what I watched and loved in the transience of things.

*

Le lettere che ricevo nella stagione lunare
non portano né nome, né indirizzo,
giungono dai nuovi esili.

Quelli che mi chiamano si nascondono dietro la mia ombra
e se qualcuno mi ama, mi scrive mentre piove
e lucida i miei sassi.

*

The letters I receive in the lunar season
bear no names or addresses,
they come from the new places of exile.

Those who call me hide behind my shadow
and if anyone loves me, they write to me as it rains
and shine my gleaming stones.

*

Mia chimera, mia ossessione, mia poetessa
ti perdo nella mia voce e ti trovo nel tuo sangue;
per venire verso di te sono dovuto fuggire dall'infanzia.

Sai, fontana arida abbandonata dalla sete,
i primi a torturarmi da vivo sono stati gli alberi
sorti nella mia dimora dalla tua bocca.

*

My chimera, my obsession, my lady poet
I lose you inside my voice and find you inside your blood;
to come towards you I've had to flee from childhood.

See, you arid fountain forsaken by thirst,
I was first tortured alive by the trees
risen within my dwelling from your mouth.

*

Come ti hanno reso brutta mia Albania.

Le tue bestie
ti mordono la carne,
ti succhiano il sangue,
ti violentano le spoglie
in nome della Libertà!

Come ti hanno ridotto, mia patria,
ossa e pelle
i tuoi tiranni moderni
in nome del Popolo!

Come ti hanno lasciato paese dell'alba,
merda e piscia
i tuoi poeti
che giurano in nome della Bandiera!

*

How ugly they have made you, my Albania.

Your beasts
are biting your flesh,
sucking your blood,
raping your relics
in the name of Freedom!

What they've reduced you to, my homeland,
bones & skin
your modern tyrants
in the name of the People!

How they have left you, Land of Dawn,
shit & piss
your poets
swearing oaths in the name of the Flag!

*

Rientrando in Ciociarìa in pieno maggio
vedo le ginestre fiorite
e piango.

Ovunque nelle valli suoni, luci e ombre.

Quando tu, primavera giungi nell'esilio
io cerco di resistere.

Mi sdraio sull'erba con lo sguardo al cielo,
i ricordi riempiono la lontananza.

*

Returning to the Ciociarìa in the heart of May
I see the gorse in blossom
and I weep.

Everywhere in the valleys sounds, shadows and lights.

When you, springtime, come to my exile
I try to hold out and resist.

I lie in the grass with my eyes to the sky,
memories filling the distance.

*

È scritto che non avrò mai un punto fermo,
né una porta da varcare mattina e sera,
né una soglia dove poggiarmi con la mia follia.
Quanto ho sognato che qualcuno mi svegliasse di buon'ora,
mi accompagnasse con lo sguardo alla partenza
e mi aspettasse con impazienza al rientro dall'immenso.
Mai un dolce sussurro all'orecchio,
da piccolo mio padre mi mordeva la testa
quando perdevo una pecora al pascolo,
dormivo nel covone la notte.
Chi veglierà su di me un giorno in mezzo
alla stanza sgombra,
chi mi butterà un pugno di terra fresca,
chi scriverà sulla mia pietra grezza due parole semplici,
chi dirà per me una preghiera dopo l'addio.
Con me sempre il sibilo del vento delle fughe
e l'insicurezza dell'indomani.
Perché sono nato? Perché sono vissuto? Perché ho cantato?
I miei laggiù se ne fregano dei miei libri,
da me aspettano solo belle macchine e milioni!
Brutta sorte la mia, terribile la pena:
fuori dai tuoi confini e dalla tua lingua.

*

It is written that I'll never have a stopping point,
nor a door to walk through morning and night,
nor a threshold to lean against in my derangement.
How I've dreamed of someone to wake me first thing,
to follow me with their eyes as I took my leave
and restlessly wait for my return from infinity.
Never a gentle whisper in my ear,
when I was small my father would bite me on the head
if I lost one of the sheep I was herding,
at night I slept in our haystack.
Who will keep watch over me one day in the middle
of the bare room,
who will throw over me a fistful of fresh earth,
who will write few simple words on my rough stone,
who'll say a prayer for me after the farewell.
Always the wind hissing after me as I flee,
always the uncertainty of tomorrow.
Why was I born? Why have I lived? Why have I sung?
Over there my people don't give a damn for my books,
all they expect from me is fast cars and big bucks!
Sad, this my fate, awful my pain:
outside of your borders and your language.

*

Io solo con le mie stigmate per il mondo impietoso,
solo con il mio grido per i boschi e le isole,
solo con il mio fango nel Caos,
io solo con le mie ceneri per le città spaventate,
solo con la mia Verità per le nevi e le stelle.

*

I alone with my stigmata through the merciless world,
alone with my cry through woods and islands,
alone with my mud within the Chaos,
alone with my ashes through the frightened cities,
alone with my Truth through snows and stars.

*

Quando sbarcai nel porto di Trieste era aprile, le nove di sera.
Come oggi pioveva sulla città e sul castello,
la bora spazzava via sogni e uccelli,
portavo con me la tristezza: terra senza nome
e i manoscritti avvolti in fretta nel fazzoletto bianco.

Eravamo in due: io e i tuoi occhi che mi seguivano
chissà da quando nell'oblìo,
camminavo distratto sui passi di Saba.
Le grotte marine
e tu in segreto mi anticipavi il destino dei confini arrugginiti.

Ero il tuo uomo più triste quella sera Trieste
cresciuto con l'amore per l'albicocco
e il volo della cicogna sopra i campi,
fuggito dall'Est in primavera,
sconfitto,
sotto la pioggia
senza una stretta di mano.

La partenza di notte,
il fischio della nave sotto la nebbia cieca
reggevano la mia speranza uccisa con le pietre.

*

I made landfall at the port of Trieste some time one April, nine pm.
Like today it was raining over the city and its castle,
the northerly gale blowing dreams and birds away.
I carried sorrow with me: a nameless land
and manuscripts hastily wrapped in a white cloth.

There were two of us: me and your eyes that had been following me
since who knows when into oblivion:
mindlessly I was retracing Saba's steps.
The sea caves
and you secretly revealing to me the fate of rusty borders.

I was that night your most sorrowful man, O Trieste.
Raised in the love for the apricot tree,
for the flight of the stork over the fields,
I fled from the East in the spring,
defeated,
drenched with rain
without a handshake.

My hope slain by stones was carried across
by the night-time departure,
the ship's foghorn in the gloom.

*

Per voi uomini d'Europa che vi arrangiate ogni giorno,
per voi donne dell'Est che lavate per terra o accompagnate
a prendere aria i vecchi dell'Occidente,
per voi immigrati che dormite sulle panchine e vi svegliate
con un'immensa nostalgia,
per voi barboni che non volete padroni
e vivete in pace con l'universo,
per voi prostitute che offrite il vostro sesso a negri, bianchi,
gialli, fino al sangue,
per voi ciechi che siete abbandonati al buio più profondo ed eterno,
per voi malati e disoccupati, come solidarietà e misericordia,
per voi missionari che portate consolazione ai deboli prima di morire,
per voi contadini che fate pascolare il gregge e arate
i campi da nord a sud,
per voi folli che c'insegnate gratis la follia,
per voi che siete soli e fuggite come me
scrivo questi versi in italiano
e mi tormento in albanese.

*

For you men of Europe who scrape by each day,
for you women of the East who scrub floors or walk
the old people of the West around the block for fresh air,
for you immigrants who sleep on benches and wake up
immeasurably homesick,
for you dossers who'll have no bosses
and live in peace with the universe,
for you prostitutes who offer your sex to
black men white men yellow men
up to blood-point,
for you blind people forsaken in deepest eternal dark,
for you sick and out of work as solidarity and mercy,
for you missionaries comforting the weak before death,
for you peasants who graze your herds and plough
the fields from north to south,
for you mad people who give us free tuition in madness,
for you who are alone and fugitive like me
I write these verses in Italian
and torment myself in Albanian.

*

Sogno spesso di tornare sulla collina di siliquastri
e di vivere accanto a te,
ben venga la povertà,
ma soltanto accanto a te.
Sono trascorsi anni da quando mi hanno costretto ad andare via.
Che fai? Che pensi? Ci salveremo in questa vita?
È duro il destino dei poeti,
ieri per la dittatura eravamo pericolosi,
oggi per la libertà siamo inutili.
Ah se avessi amato una donna del villaggio,
non avrei sofferto così tanto nelle città che uccidono,
dove ogni secondo mi devo difendere.

Scrivimi, se hai sentito il canto del cuculo
sulla ginestra fiorita.

*

I often dream of returning to the hill of Judas trees
and living next to you,
let it be poverty,
only next to you.
Years have passed since they forced me to go away.
What are you doing? What are you thinking of? Will we be saved in
this life?
Harsh is the destiny of poets.
Yesterday we were dangerous for the dictatorship,
today we are useless for freedom.
Ah if I had loved a village woman
I'd not have suffered so much in the killing cities
where I must defend myself every second.

Write to me, if you've heard the cuckoo's song
over the gorse in bloom.

*

Il mio corpo trema,
il mio sangue danza,
le mie vene cantano,
non sono più io.
Brucio a poco a poco
come la cera in un tempio abbandonato in fretta,
mi perdo a poco a poco
nell'abisso del Tempo.
Ho nelle mani nidi di peligòrghe,
ho negli occhi le tue nevi.
Se vedi deserti, crescono sulla mia pelle,
se vedi lampi: entrano nella mia carne,
se vedi assassini, vivono intorno al mio cuore.
Non sono stato mai così meravigliato di me stesso,
cammino in mezzo ai passanti e grido:
"gente accetto la condanna
e non voglio rompere il mio fango".

*

My body's shaking,
my blood is dancing,
my veins are singing,
I'm no longer me.
Little by little I burn
like wax in a hastily abandoned temple,
little by little I lose my way
in the chasm of Time.
In my hands I have the nests of bee-eaters,
in my eyes I have your snows.
If you see deserts, they grow on my skin,
if you see lightning, it enters my flesh,
if you see murderers, they dwell around my heart.
I've never been this amazed at myself,
I walk among passers-by and shout out loud:
"O people I accept the judgement
and won't break out of my own mud!"

*

Finalmente ti è concesso di vedere la grande Roma,
(contrada di elevate ispirazioni)
questa volta in bronzo,
senza il permesso dello Zar
che ti mise alla custodia vigilata
e la madre Russia ti colpì con i tuoi versi al cuore
(terribile quel crimine).
Fu il tuo desiderio di sempre, Puškin,
(gitano della poesia)
svegliarsi nella città eterna
prima di cadere in nome dell'amore crudele.

Chissà come ti sei sentito quella mattina a Villa Borghese
in compagnia di Firdausi, Gogol e Shawky,
senza betulle intorno
e il vento della steppa.

A noi poeti solo dopo è concesso
di vedere Roma
o Tirana.

*

At last you are granted sight of the great city of Rome
(contrada di elevate ispirazioni) :
this time you're cast in bronze,
without permission from the Tsar
who put you in guarded custody
and Mother Russia struck you at the heart with your own verse
(terrible that crime).
O Pushkin, gypsy of poetry,
it was your lifelong desire
to wake in the eternal city
before falling in the name of cruel love.

Who knows how you felt that morning at the Villa Borghese
in the company of Firdausi, Gogol and Shawky,
with no birches anywhere
and no high winds from the steppe.

We poets are only allowed much later afterwards
to set eyes on Rome
or on Tirana.

*

Triste la canzone degli esuli iracheni
nelle sere d'estate a Firenze,
come i loro occhi impiccoliti in attesa,
come i loro volti mori scavati dalla mezzaluna.

Sognano di tornare là da dove sono fuggiti,
di baciare la sabbia bruciata del Golfo
e seppellire i propri morti
all'ombra dei datteri,
anche se sanno che a Baghdad mai torneranno.

Il dolore degli esuli iracheni
trafigge il cuore
delle sere d'estate a Firenze.

(Firenze, estate 2001)

*

Sad is the song of the Iraqi exiles
on summer nights in Florence,
sad as their eyes squinted in wait,
as their brown faces hollowed out by the crescent moon.

They dream of returning there where they have run from,
of kissing the burnt sand of the Gulf
and burying their dead
in the shade of the date palms,
even though they know they'll never get back to Baghdad.

The sorrow of the Iraqi exiles
pierces the heart
of summer nights in Florence.

(Florence, summer 2001)

*

Scrivo giorno e notte.

Fiumi di neri versi,
si riempiono pagine su pagine
senza tregua.

I miei libri come i villaggi
bombardati al crepuscolo,
i miei versi come file di monaci mesti
che pregano per il mio corpo.

*

I'm writing day and night.

Rivers of black verse,
pages and pages filling
without respite.

My books like the villages
bomb-blitzed at sundown,
my verses like rows of mournful monks
praying for my body.

*

O Luigi Manzi,
poeta nuovo e unico
la tua Roma è un inferno,
ho tanta voglia di venire a trovarti
e prendere con te e Achille
un caffè da Rosati,
o di cenare con la nostra Daniela al Corso Vittorio.

Che peccato, non possiamo vederci quest'estate,
non avrò la fortuna di ascoltare le letture del maestro Millo
nella sala Borromini
di Moraes e Neruda, Campana e Pessoa.

*

O Luigi Manzi,
poeta nuovo e unico,
your Rome is a hell,
I so feel like coming to see you
to sit with you and Achille
having coffee at Rosati's,
or dine with our Daniela on Corso Vittorio.

What a pity, we cannot meet this summer,
I'll not have the good fortune to hear Maestro Millo
at the Sala Borromini
reading Moraes and Neruda, Campana and Pessoa.

*

Ti ho scritto con angoscia mio libro,
come nessun altro libro.
Ho vissuto con te anni di tormento e ossessione,
ti portavo con me per due passi nei vicoli della città
quando tutti rientravano,
mi sdraiavo sul letto
e ti mettevo sotto il vecchio cuscino come povero testamento
di viandante,
mangiavo un boccone,
tu sopra il tavolo mi scrutavi come un ostaggio.
Non ti dimenticavo mai nel dormitorio,
temevo che la mia stanza bruciasse,
temevo che la mia dimora annegasse.

*

I've written you in anguish O my book,
like no other book before.
I've lived with you through years of turmoil and obsession,
I'd carry you with me for a short walk through the city's alleys
as everyone made their way home,
I'd lie on my bed
and place you under the old pillow like the poor testament
of a wayfarer,
I'd have a bite to eat,
you on the table holding me hostage with your stare.
I never left you behind in the dormitory,
afraid that my room would be burnt down,
afraid that my dwelling would be drowned.

*

Vedo dalla finestra la capinera distratta
mentre cammina sulle foglie morte.
Mi guarda immobile,
anch'io la guardo negli occhi,
ci siamo incontrati dopo tanti anni in questa provincia peninsulare,
mi ha riconosciuto
anch'io l'ho riconosciuta.
Insieme alla peligòrga e al cuculo,
era il più caro uccello nella mia Darsìa,
in inverno si rifugiava nelle mie poesie,
in estate migrava nei versi del poeta Bali.
Sento che si dispiace del nostro destino:
figli dei partigiani e dei *kulak*!

*

From my window I can see the wayward blackcap
walking over dead leaves.
Motionless she looks at me,
I too am looking into her eyes,
we've met after many years in this peninsular province,
she's recognised me
I've recognised her too.
Together with the cuckoo and the bee-eater,
she was the dearest bird in my Darsìa,
in winter she would shelter inside my poems,
in summer migrate to the verse of the poet Bali.
I sense her distress with our destiny:
children of partisans and *kulaks*!

*

Ti fermerai davanti a me Albania
come quella ragazza pentita
davanti al ragazzo amato,
quel giorno, quell'anno, quel secolo verranno,
come non verranno!
Scoprirai la mia tenerezza,
il tormento,
la mia povertà sia in patria che in esilio,
li dimentico quando canto per te.

Ti inchinerai davanti a me, Medea,
con senso di colpa
e troverai nei passi tremanti sparsi nel buio degli anni
la mia solitudine divenuta amore
e le parole tramutate in pietre
nell'ombra dell'attesa.

*

You will pause before me, Albania
like that rueful girl
before the beloved boy,
that day, that year, that century will come,
oh, but they'll come!
You will discover my tenderness,
the torment,
my poverty whether in exile or at home,
I forget it all when singing for you.

You will bow before me, Medea,
and feel guilt
and find in the fearful steps scattered down dark years
my solitude become love
and words changed into stones
in the shadow of the wait.

*

Se mi cercherete un giorno a casa,
mi troverete polvere e stelle sull'erba,
linea sottile che trema nell'orizzonte.

Se mi chiamerete un giorno nelle città,
mi troverete fuoco sospeso tra le due sponde
di richiami e lutto di mare.

Se mi incontrerete un giorno nei sogni,
è la mia voce straniera
che si bagna nella pioggia.

*

If one day you come to look for me at home,
you will find me as dust and stars on the grass,
a thin line shimmering inside the horizon.

If one day you call out for me in the cities,
you will find me as a fire held between the shores
of calls and the mourning sea.

If you find me one day inside your dreams,
it's my foreign voice
getting drenched in the rain.

*

Amici poeti,
non mi aspettate in settembre,
sarò in viaggio sull'Atlantico
invitato alla presentazione delle mie poesie
oltre le notti oceaniche.

So che mi aspettate,
anch'io non vedo l'ora di salutarvi
e rammentare con voi versi di Li Po, Puškin, Rimbaud, Montale
passeggiando per le strade di Lushnje.

Mi mancherete autunni d'Oriente,
cieli celesti, melagrane spaccate,
campi trebbiati sotto tuoni e lampi,
ruscelli freschi di ghirlande.

Ogni anno che fugge,
il mio corpo si rimpicciolisce dalla nostalgia.

*

My poet friends,
don't wait for me in September,
I'll be travelling over the Atlantic
invited to launch my poems
beyond the ocean nights.

I know you're waiting for me,
I too am looking forward to greeting you
and recalling with you lines from Li Po, Pushkin, Rimbaud, Montale
as we stroll through the streets of Lushnje.

I will miss you, autumns in the East,
sky-blue skies, split pomegranates,
threshed fields under thunder and lightning,
streams fresh with garlands.

Each fleeting year
my body grows more stunted with homesickness.

*

a Iset Sarajlić

Tu amavi la Russia di Jevtushenko,
addio alla Russia di Jevtushenko che non c'è più.
Tu lodavi la Jugoslavia di Koneski, Kovič, Raičković e Shkreli,
addio alla gioia di stare insieme.
Tu benedicevi il socialismo dal volto umano,
addio anche al socialismo dell'inganno.
Tu applaudivi l'Europa senza muri in cui regnasse la poesia,
addio all'Europa di ipermercati che non fa più Storia.
Tu ospitavi i tuoi amici, i tuoi lettori, i tuoi editori,
addio ai tuoi amici, ai tuoi lettori, ai tuoi editori.
Tu adoravi il tuo popolo trucidato dall'odio e costretto a fuggire per
                                                            il mondo,
addio al poeta senza popolo.
Tu ammiravi la grande arte del passato,
addio alla grande arte del passato, per sempre.
Tu sognavi un destino,
addio al destino che non avremo,
addio agli addii!

*

for Izet Sarajlić

You loved the Russia of Yevtushenko,
farewell to the Russia of Yevtushenko that is no more.
You praised the Yugoslavia of Koneski, Kovič, Raičković and Shkreli,
farewell to the joy of being together.
You blessed socialism with a human face,
farewell even to the socialism of deception.
You applauded the Europe of no walls in which poetry would reign,
farewell to the Europe of superstores that no longer makes History.
You sheltered your friends, your readers, your publishers,
farewell to your friends, your readers, your publishers.
You adored your people butchered by hatred and forced to flee
                                          through the world,
farewell to the poet without a people.
You admired the great art of the past,
farewell to the great art of the past, for ever.
You dreamed of a destiny,
farewell to the destiny we'll not have,
farewell to farewells!

*

Tristezze primaverili,
campi agricoli
coperti di buio e di vento,
voci perdute,
amori passati,
parole,
gemiti, silenzi
...
e tu pettirosso che bussi alla finestra,

stasera sarete i miei ospiti in Ciociarìa.

*

Springtime sorrows,
farming fields
covered in darkness and wind,
lost voices,
past loves,
words,
moans, silences
…
and you redbreast knocking at the window,

be my guests tonight in the Ciociarìa.

*

Sono uomo di frontiera
ferito nella ferita,
innamorato del Nulla
e dell'origine del freddo.

Sono uomo che vive di poche cose
condannato alle frontiere
dalle frontiere.

I miei occhi, sguardi incrociati
fra quelli che giungono
ed altri che partono.

Dentro di me sono un po' nessuno
e un po' tutti,
ubriaco di mondi

*

I am a frontier man
wounded in the wound,
enamoured of Nothingness
and the source of the cold.

I'm a man who lives on little
sentenced to frontiers
by frontiers.

My eyes, looks shot across
between those who arrive
and others leaving.

Inside I am part nobody
part everyone,
reeling drunk with worlds

*

La nostra voce,
richiamo senza ritorno,
inghiottito dal fiume.

Speranza spaventata
lungo le ombre d'estate.

Ci affidiamo al nostro dio smemorato
nell'allontanarci stretti l'uno all'altra.

Dobbiamo dimenticare l'angoscia degli addii
e ricordare sempre quel volto che piangeva

con la paura del nuovo mondo
chiuso in una conchiglia.

*

Our voice
a call with no return,
swallowed by the river.

Hope running scared
along the shadows of summer.

We trust in our forgetful god
as we walk away holding each other tight.

We must forget the anguish of farewells
and always remember that face as it wept

frightened of the new world
that's locked inside a shell.

*

Anche questo settembre mi trova qui
nella penisola arida
assediato dall'olocausto dei miei versi
e il ricordo degli amici caduti sull'altra sponda,
in nome di una patria selvaggia.

*

Another September finds me here
in the arid peninsula
besieged by the holocaust of my poems
and the memory of friends fallen on the other shore,
in the name of a savage homeland.

*

La quiete dei laghi è con me,
cosa vuole questo autunno?
Io vivo per rivedere i meriggi
e l'equilibrio perduto dell'erbamara.

*

The peace of the lakes is with me,
what does this autumn want?
I only live so that I can see again
the noontides and the lost balance of bittergrass.

*

(ai poeti esuli, deceduti in Occidente per la tristezza)

Rondini libere
e voi, gru
che state per attraversare
mari gialli
e deserti infocati,
salutateci i cari,
dite loro
che noi viviamo
vicino
ai corpi,
per difenderci
dai corvi affamati.

Il nostro sogno,
cadere a Terra
come il seme maturo
in autunno
prima della stagione
delle piogge.

La nostra paura,
rimanere senza sepoltura
in Occidente.

*

for the exiled poets who died of sorrow in the West

Free-flying swifts
and you cranes
who'll soon cross
yellow seas
and fiery deserts,
bring our greeting to our loved ones,
tell them
that we live
next to
the bodies
to defend ourselves
from hungering crows.

Our dream,
to fall to Earth
like the ripe seed
in the autumn
before the season
of the rains.

Our fear,
to be left without a burial
in the West.

*

Festeggio con davanti due bicchieri di vino,
un bicchiere per me e l'altro per Lei che potrebbe giungere,
così festeggio nella mia stanza sgombra
ogni volta che finisco di scrivere le mie raccolte.

L'aspetto al tavolo con una lieve brezza,
come una vecchia amica
che incanta e seduce.

E se un giorno non mi trovasse,
le lascio il bicchiere di vino e questi versi,
come testimoni del mio amore.

*

I celebrate with two glasses of wine in front of me,
one for me and the other for Her who might join me
– that's the feast I set in my bare room
each time I finish writing one of my collections.

I wait for her at the table with a light breeze,
that old friend
who charms and seduces.

And if one day she shouldn't find me,
I leave her this glass of wine and these lines of poetry,
witnesses of my love.

*

I miei prossimi canti
assomiglieranno alla mia morte e alla tua vita,
i miei prossimi canti nasceranno dalle mie ceneri di contadino
e sorgeranno dalla tua fronte di polvere e stelle.

I miei prossimi canti li scriverò con la punta del coltello sulla mia pelle,
li nutrirò con l'ultima goccia di sangue all'ombra dei nuovi alberi,
i miei prossimi canti sorgeranno dai miei sassi.

*

My next songs
will resemble my death and your life,
my next songs will be born of my own peasant ashes
and rise up from your forehead of dust and stars.

My next songs, I will write them with the tip of a knife on my own skin,
feed them the last drop of blood in the shade of new trees,
my next songs will rise up from my stones.

Notes

p.25 *Canterno*: a small lake in the Ciociarìa province.

p.27 *Present Body (Corpo presente)* : title of one of Hajdari's poetry collections.

p.29 *Constantine* : also known as the 'Rider of Death', this is a character in the most beautiful canto of the song cycle of the Albanian people of Italy (*Arbëresh*), that has as its main motif the *besa*. [Translator's Note: *Besa* roughly translates as 'faith' or 'word of honour'.]

p.53 Via del Cipresso: the author's address in Frosinone, Italy

p.61 *Present Body* : see note for p.27 above.

p.104 A reference to the statues of Pushkin, Shawky, Gogol and Firdausi that are found together with several other statues of great poets in the park of the Villa Borghese in Rome.

p.115 Sherif Bali: Albanian poet born in Balaj, Darsìa;

Kulak: Russian word with which the regime of Enver Hoxha designated ex-landowners.

p.123 Izet Sarajlić (1930-2002): Bosnian poet, storyteller, translator, historian and philosopher; Blaže Koneski (1921-1993): Macedonian philologist, writer and scholar; Kajetan Kovič (1931-2004): Slovene poet, novelist and translator; Stevan Raičković (1928-2007): Serbo-Croat poet and writer; Azem Shkreli (1938-1997): the most important poet of Kosovo.

www.ingramcontent.com/pod-product-compliance
Lightning Source LLC
Chambersburg PA
CBHW031151160426
43193CB00008B/328